FÉLIX RODRÍGUEZ BARBERO

REDENTOR
DEL HOMBRE

didaskalos

Ilustración de portada: *El Expolio* (El Greco, 1579-Catedral de Toledo)

Primera edición: marzo 2025
Edición original de BAC (1986)

© Autor: Félix Rodríguez Barbero

Impreso en España. Printed in Spain
Depósito legal: M-6092-2025
ISBN: 978-84-19431-55-4

Maquetación: M.ª Teresa Millán Fernández

Impresión y encuadernación:
  Editorial Didaskalos
  Valdesquí 16, Madrid 28023

Índice

¿Qué redención trae Cristo?

P. José Granados García, DCJM

Cumplo una gozosa obligación al prologar esta reedición en la editorial Didaskalos de la breve obra *Redentor del hombre* del P. Félix Rodríguez Barbero, SJ. Los Discípulos de los Corazones de Jesús y María debemos mucho como maestro al P. Félix Rodríguez. Él, en efecto, orientó nuestros primeros pasos en el estudio de la teología. En los comienzos de nuestro instituto religioso, recién llegados a la facultad de Burgos, donde entonces enseñaba, nos fascinaron sus clases y le pedimos que guiara nuestros estudios. Él se ofreció a hacer algo más: enseñarnos a estudiar. Y venía a nuestra casa regularmente para tratar del método teológico.

Era un método de estudio en común, que pasaba por una conversación sostenida entre nosotros, bajo su guía. A través de la amistad surgían las grandes preguntas sobre Dios, el hombre, el mundo. En este ambiente el P. Félix nos enseñó el rigor científico de la teología que, en el cauce de la tradición de la Iglesia, sabe dar respuesta a las cuestiones planteadas en nuestra época. Nos espoleaba a escoger grandes preguntas, a la altura de la grandeza que Dios ha revelado al hombre. Su método no aceptaba como obvia ninguna enseñanza, sino que invitaba a plantear el desafío: "¡Esto es falso! ¡Demuéstrelo!" De este modo obligaba a desentrañar las razones, razones que resuenan con lo hondo de la experiencia del corazón humano. "¡Esto es falso! ¡Demuéstrelo!", es decir, es necesario ahondar en la visión cristiana hasta percibir su honda verdad: cómo toca el centro de la vida del hombre y la vuelve fecunda.

Podemos ver un ejemplo de este método teológico en *Redentor del hombre*. Su reedición no es solo un homenaje al P. Félix Rodríguez, sino que se justifica por la relevancia que tiene el tema hoy y por la respuesta teológica que contiene.

En nuestra sociedad vuelve a hacerse urgente la pregunta por la salvación. Es la pregunta por la salvación del cuerpo, ante la crisis ecológica que afecta a nuestro ambiente material. Es la pregunta por la salvación de la razón, ante el desarrollo de la inteligencia artificial, que amenaza con hacer artificial nuestra inteligencia. Es la pregunta por la salvación del bien común, ante la crisis de la política. Es la pregunta por la salvación de los ambientes de humanidad, ante la devastación de la cultura.

¿Es posible salvar todo esto? ¿En qué consiste esa salvación? ¿Qué caminos concretos nos permitirían alcanzarla? Pues la fe cristiana no nos salva *de* la carne, *de* la razón o *de* la sociedad, sino que salva la carne, la razón o la sociedad, y nos salva a nosotros al salvar todo ello.

Se emplaza en este contexto la pregunta por Cristo como Redentor y Salvador del hombre. Vivimos en una sociedad pluralista, donde hay muchas ofertas salvadoras. Ante esto no basta decir que Cristo es el Salvador único de todos, sino que hay que especificar: ¿de qué salvación hablamos? Es decir, el cristianismo no proclama a Cristo como un salvador universal que da a cada uno lo que desea, conduciéndonos a un cielo donde caben opciones dispares de vida. Resulta, más bien, que Él ha traído una forma de vida común, que es la vida plena que Él mismo vivió y nos enseñó a vivir. Así, Él salva a los muchos para que lleguen a ser uno en Él. Por jugar con una expresión del Papa Francisco: Él ha venido a ofrecer la salvación a "todos, todos, todos", pero de modo que sean "uno, uno, uno", y en la medida en que los "todos" se abran para acoger esta unidad.

Por eso la confesión de Cristo como Salvador solo es conforme al Evangelio si se une a la confesión de Cristo como *salvación* de todos[1]. La salvación cristiana consiste en que suceda en el hombre, por conformación con Cristo, lo que ya ha sucedido en Cristo. La plenitud que ofrece Cristo es, por tanto, su forma de asumir y vivir en plenitud lo humano, llevando lo humano a la alianza plena con Dios.

Entendida la importancia del tema que afronta el P. Félix Rodríguez, podemos fijarnos en los puntos claves de su enfoque. Su argumentación quiere responder a esta pregunta: ¿cómo se explica que el Hijo de Dios, para salvar al hombre, eligiera hacerse hombre y debiera pasar por la cruz y la resurrección? ¿qué idea de Dios y del hombre, y qué idea de la salvación que Dios da al hombre, se deduce de aquí?

---

[1] Cf. Luis F. Ladaria, *Jesucristo, salvación de todos* (San Pablo – Universidad Pontificia Comillas, Madrid 2007).

En primer lugar, el P. Félix se sitúa en la línea de san Anselmo de Canterbury (1033-1109) y de su teoría de la satisfacción ofrecida por Cristo. Como muestra el P. Félix, san Anselmo asume la perspectiva bíblica, que usa los conceptos de *sacrificio, expiación* y *reconciliación.* En ellos es central la idea de una alianza entre Dios y el hombre que el hombre ha roto por el pecado y que es necesario reparar. Esta salvación requiere, según san Anselmo, que el hombre restablezca la justicia ante Dios.

Pues bien, por la Encarnación y muerte en cruz de Cristo existe un hombre, Cristo Jesús, que es a la vez Hijo de Dios. Él es capaz de ofrecer, en nombre nuestro (por ser nuestro hermano) un sacrificio digno de Dios (porque es su Hijo único). El P. Félix aclara que no hay aquí un reduccionismo jurídico, sino la lógica de una amistad recíproca, o alianza, en que cada parte está en pie ante la otra, contribuyendo a la comunión mutua.

Dante expresó esto mismo en su *Divina Comedia* (*Paraíso* VII) al decir que Dios no se había limitado a levantar al hombre caído, sino que había hecho más: había hecho al hombre caído capaz de levantarse por sí mismo. Esta visión de san Anselmo no implica, por tanto, una visión del Padre justiciero que exigiera a toda costa la reparación de su honor. De fondo hay, más bien, el deseo de mantener la verdad de la alianza entre Dios y su Pueblo, que comienza por un don primero de Dios, el cual hace al hombre capaz de una respuesta libre de amor.

En segundo lugar, la explicación del P. Félix Rodríguez recoge también la perspectiva del amor gratuito y misericordioso como marco para una explicación global de la redención. Para ello se completa la mirada anselmiana, centrada ya en la misericordia divina, con la contribución de san Agustín y de santo Tomás de Aquino. San Agustín ve la redención desde la ofrenda de un sacrificio que es, ante todo, no la ofrenda de cosas ni de acciones, sino la ofrenda de sí mismo y del propio corazón. También santo Tomás ve la redención desde el acto de intensa caridad por el que Cristo se ofrece por nosotros. De este modo puede percibirse que fue redentora, no solo la muerte de Cristo que satisface la justicia, sino la totalidad de su existencia, por la fuerza de la caridad que le habitaba.

Desde esta extensión de capacidad redentora a toda la vida de Jesús, evitando concentrarlo todo solo en el momento de su muerte expiativa, se puede expresar mejor que Cristo no es solo el Salvador del hombre, sino también su salvación. Es decir, como hemos notado antes, la salvación consiste precisamente en vivir como Cristo vivió y enseñó a vivir. Y esto se logra solo si nos unimos en amistad a Él, de modo que nos comunique su vida.

Entendemos así la diferencia entre Cristo y los demás fundadores de religión. Mientras ellos, por lo general, indican y abren un camino hacia el Absoluto, Cristo se presenta como el camino mismo y también la meta. Por eso los demás fundadores se retiran, una vez que el hombre alcanza la meta a la que ellos apuntan. Pero la presencia de Cristo sigue siendo esencial para nuestra salvación cuando alcanzamos la meta en su Padre.

Querría señalar todavía *un tercer aspecto* de la propuesta del P. Félix Rodríguez en *Redentor del hombre*. Mientras normalmente asociamos la redención con el sufrimiento y la cruz, el P. Félix concluye insistiendo en el *valor redentor de la resurrección*. Es un tema que, en efecto, ha sido puesto de relieve por la exégesis contemporánea, según lo que enseña san Pablo: Cristo resucitó "por nuestra justificación" (Rom 4,25). La cosa aparece también en la carta a los Hebreos, pues allí Cristo, tras morir en la cruz, asciende al cielo a ofrecer allí su sacrificio ante el Padre. Y desde el cielo vive siempre para interceder en favor nuestro (Heb 7,25).

Ciertamente la redención se asocia a un sufrimiento y a una muerte, pues es costoso reparar la alianza después de su ruptura. Y también nuestra colaboración en la redención conlleva la aceptación del dolor. Como san Pablo afirma a los Colosenses, él completa lo que falta en su carne a los sufrimientos de Cristo (Col 1,24). Ahora bien, con esto está dicho solo una parte de la cuestión. Pues si Cristo resucita por nuestra justificación, entonces la alegría tiene también valor redentor. Y nuestros gozos completan lo que falta en nuestra carne al gozo de Cristo.

Nos preguntábamos antes por la salvación que trae Cristo. La redención por la resurrección, que es redención por la alegría, ilumina esta pregunta. Si Cristo nos redime con su alegría pascual es porque la alegría es la salvación plena que Él trae y que ya se nos anticipa. Estar alegre, en efecto, es participar ya y gozar del bien que se busca.

Esto puede verse también si pensamos que el dolor es redentor solo si es un dolor fecundo. Cuando el dolor lleva fruto, entonces ha perdido su aguijón. Ahora bien, la fecundidad del dolor implica que el dolor anticipa la alegría del fruto que el sufriente ve madurar. Cristo no eliminó el dolor, pero lo hizo fecundo y, de este modo, lo hizo compatible con la alegría.

La alegría es redentora, por tanto, no solo porque es la meta a la que tiende todo el camino redentor del sufrimiento y, sin meta, no habría camino. Sino que la alegría es redentora, además, porque el camino redentor del sufrimiento participa ya de la alegría final, que el Resucitado nos adelanta. Nos salvan sus llagas, y sus llagas son llagas resucitadas, gloriosas.

Si esto es así, la resurrección redentora nos da la medida de la esperanza cristiana, en un tiempo acuciado por la pregunta de la salvación. ¿Cómo salvar el cuerpo, la razón, el bien común, los ambientes de humanidad...? El cristiano responde que, en la relación viva con Cristo, todo esto está ya salvado en semilla y, desde ese don originario, la salvación se expande y madura.

¿Y cómo se anticipa esta salvación? Al comenzar su argumentación sobre qué es la redención, el P. Félix parte de la Eucaristía. Allí ve expresada y practicada la redención que nos trae Cristo. Y su obra concluye, de nuevo, con la Eucaristía, como lugar donde se nos comunica la salvación. Recordamos a los antiguos cristianos de África que, según san Agustín, llamaban "salvación" al bautismo, que es la puerta de la Eucaristía; y a la Eucaristía la llamaban "vida", plenitud de la salvación (*De peccatorum meritis* 24,34).

Desde esta conclusión eucarística se perfila también una tarea. Si todo se salva desde su inclusión en la Eucaristía, la misión cristiana consiste en extender el ambiente eucarístico a todos los ámbitos del cosmos y de la sociedad. Se salva el cuerpo desde "mi cuerpo por vosotros". Se salva la alianza desde "mi sangre derramada". Se salva la razón desde el "¡misterio de la fe!" Se salva el bien común desde el único pan y cáliz. Se salva el hombre desde el "por Cristo, con Él y en Él ... toda gloria al Padre".

Villaescusa de Haro,
22 de diciembre de 2024

Redentor del hombre

P. Félix Rodríguez Barbero

ENSEÑANZAS DEL NUEVO TESTAMENTO

Ya desde los primeros tiempos del cristianismo, Jesucristo ha sido calificado con títulos muy diversos: unos, como el de Hijo de Dios, para distinguirle por su condición; otros como el de Salvador, para designarle por su obra. Entre estos últimos títulos hay uno, el de Redentor, de sentido muy cercano al de Salvador, que ha sido usado con predilección porque señala lo más fundamental de la obra de Jesucristo: la redención del hombre.

Lo que es la obra redentora de Jesucristo no nos es hoy difícil de entender, si no es por causa de su singularidad única. En el momento en que se realizó era mucho más difícil de comprender. La razón de ello fue que la redención tuvo su punto culminante en la cruz de Jesucristo, y semejante final de su Maestro resultaba para los apóstoles totalmente incomprensible; tan incomprensible que sólo lo aceptaron porque se les imponía como un hecho irremediable.

La aceptación de la muerte de Jesucristo en la cruz resultó difícil no sólo para los apóstoles. También los que por la palabra de ellos escuchaban el anuncio de Cristo encontraban en la cruz un grave obstáculo, que San Pablo explica calificando la cruz como "escándalo para los judíos y necedad para los griegos" (1 Cor 1,23). Esto obligó una y otra vez a los apóstoles a exponer el valor de la cruz, y debido a ello podemos encontrar a lo largo de todo el Nuevo Testamento muchas indicaciones sobre el sentido redentor de la muerte de Jesucristo y sobre el alcance de la redención.

El punto de partida de todas esas explicaciones estuvo en los recuerdos de la Última Cena de Jesús, cuando éste realizó la primera liturgia eucarística y dio a los apóstoles el encargo de perpetuarla en memoria suya. Cada vez que los apóstoles celebraban esa liturgia con los que se les habían unido en la fe cristiana, tomaron de los recuerdos de la última cena las palabras que explicaban el sentido de lo que estaban realizando: "Esto es mi cuerpo, que será entregado... Esta es mi sangre, que será derramada... Haced esto en conmemoración mía". Estas palabras han seguido repitiéndose hasta hoy como las más centrales en nuestras celebraciones eucarísticas. Al repetirse de esa manera, esas palabras obligaron ya desde los primeros momentos a reflexionar muchas veces sobre ellas.

1. Dos imágenes: sacrificio de expiación y rito de alianza

Los mismos evangelistas, y con ellos San Pablo, en vez de reconstruir por sí mismos para sus narraciones de la última cena las palabras de Jesucristo, las tomaron de la liturgia primitiva, y por eso nos las han transmitido según las dos formas de la celebración litúrgica más antigua: San Mateo y San Marcos las presentan según se decían para los cristianos de lengua aramea; San Lucas y San Pablo, según se decían para los de lengua griega. San Marcos (14,22-23) las refiere así: "Tomad, esto es mi cuerpo... Esta es mi sangre de la alianza, que será derramada por la multitud". San Pablo las propone así: "Esto es mi cuerpo, que se entrega por vosotros... Este cáliz es la nueva alianza en mi sangre" (1Cor 11,24-25).

Para los primeros cristianos, venidos del judaísmo palestino o helenista, esas palabras, en cualquiera de sus dos formas de transmisión, contenían dos imágenes muy significativas. La primera imagen, consistente en el cuerpo entregado y la sangre derramada por los hombres, les recordaba un sacrificio de expiación por los pecados. Tan claramente les traía ese recuerdo, que a menudo describieron la muerte de Jesucristo con el lenguaje propio de los sacrificios: "Nos amó y se entregó por nosotros a Dios en oblación y sacrificio de agradable olor" (Ef 5,2). Y el mismo evangelio de San Mateo aclaró esa imagen del sacrificio de expiación por los pecados al completar la expresión de San Marcos de la manera siguiente: "Bebed todos de él, porque ésta es mi sangre de la alianza, que será derramada por la multitud *para el perdón de los pecados"* (Mt 26,28).

La segunda imagen la dan las palabras "sangre de la alianza" o "cáliz de la nueva alianza en mi sangre". A quienes habían venido del judaísmo, estas palabras les recordaban inconfundiblemente el rito con que Moisés, después de haber sacado de Egipto a los israelitas, selló la alianza entre Yahveh e Israel. Para realizar aquel rito tomó Moisés sangre de víctimas ofrecidas en sacrificio y con la mitad de ella roció el altar, que representaba a Yahveh, y con la otra mitad roció al pueblo de Israel (Ex 24,6-8). Con este rito de sangre quedó ratificada por ambas partes la alianza y Yahveh se comprometió a tener a Israel como pueblo suyo e Israel a tener a Yahveh como su Dios único.

2. Interpretación primitiva: tres afirmaciones bíblicas

Los primeros cristianos, conforme a sus métodos judíos de pensamiento, explicaron la muerte de Jesucristo comparándola, ya con un sacrificio de expiación, ya con el rito de alianza de Moisés, y mediante la determinación de las semejanzas, y también de las desemejanzas, entre la acción de Jesucristo y los ritos aludidos, expresaron la eficacia salvadora de la cruz.

Primera afirmación: perdón de las culpas

La semejanza, indicada por las palabras de la última cena, entre la muerte de Jesucristo y un sacrificio de expiación, les sirvió para explicar en esquemas del Antiguo Testamento el perdón que Jesucristo obtuvo con su muerte para nuestras culpas: "Porque si la sangre de los machos cabríos y de los toros y la aspersión de la ceniza de la vaca santifica a los inmundos y les da la limpieza de la carne, ¡cuánto más la sangre de Cristo, que por el Espíritu eterno se ofreció a sí mismo inmaculado a Dios, limpiará nuestra conciencia de las obras muertas!" (Heb 9,13-14). Y la desemejanza entre el sacrificio de víctimas irracionales y el sacrificio del Hijo de Dios les sirvió para explicar la eficacia ilimitada del perdón alcanzado por Jesucristo: "Él es expiación para nuestros pecados. Y no sólo para los nuestros, sino para los de todo el mundo" (1 Jn 2,2).

Segunda afirmación: redención del pecado

Por su parte, la semejanza, señalada también en las palabras de la cena, entre la sangre de Jesucristo y la sangre usada por Moisés para la alianza de Yahveh con Israel, fue precisamente lo que dio a la obra de Jesucristo el nombre de redención. La palabra redención había sido una de las expresiones más usuales para designar la acción con que Yahveh liberó de

Egipto al pueblo de Israel a fin de convertirle en su propio pueblo: "Vuestro Dios, que os sacó de Egipto y os *redimió* de la casa de la servidumbre" (Dt 13,6). Igualmente Jesucristo, al derramar su sangre en la cruz, nos liberó de la cautividad de nuestras culpas, que nos impedían llegar a la casa del Padre que está en los cielos; o como dice San Pablo, Jesucristo "se entregó por nosotros para redimirnos de toda iniquidad y purificar para sí un pueblo propio, celador de las buenas obras" (Tit 2,14).

Tercera afirmación: reconciliación con Dios

Todo esto que hemos ido recogiendo del Nuevo Testamento, sacrificio y alianza, expiación y redención, tiene un punto de confluencia que la cristiandad primitiva vio claramente: Jesucristo, con su cruz, nos ha reconciliado con su Padre. A esta idea de la reconciliación con el Padre les llevaba la concepción de la muerte de Jesús como rito de alianza. La alianza hecha por Yahveh con Israel mediante el rito de Moisés había sido quebrantada por las idolatrías de Israel; pero Yahveh, como lo anunciaron repetidamente los profetas, pensaba en una alianza nueva que sustituyese a la alianza rota: "He aquí que vienen días —oráculo de Yahveh— en que yo haré alianza con la casa de Israel y con la casa de Judá, no como la alianza que hice con sus padres, cuando, tomándoles de la mano, les saqué de la tierra de Egipto, pues ellos quebrantaron mi alianza y yo les rechacé —oráculo de Yahveh—" (Jer 31,31-32). Al hacer la nueva alianza mediante su sangre, Jesucristo reconcilió con su Padre a todos los que habían sido rechazados por haber roto la alianza anterior.

Pero a esta misma idea de reconciliación con Dios llevaba también la imagen del sacrificio de expiación, ya que el perdón de los pecados es, a de cuentas, una reconciliación con Dios, y justamente el perdón de nuestros pecados fue lo que Jesucristo obtuvo con el sacrificio de la cruz: "Porque a la verdad Dios estaba en Cristo reconciliando al mundo consigo mismo, no imputándoles sus transgresiones" (2 Cor 5,19).

Estas son las tres afirmaciones más fecundas que los escritores del Nuevo Testamento han recogido del trabajo de los primeros cristianos para expresar la obra salvadora realizada por Jesucristo con su muerte en la cruz: expiación del pecado, redención de nuestra esclavitud reconciliación, con Dios. A partir de estas afirmaciones fueron haciendo nuevas observaciones a fin de iluminar mejor. la obra de Jesucristo. De todas esas observaciones sólo queremos presentar una, que fue la última conclusión a que llegaron y que conviene tengamos presente para todo este tema.

3. Una observación importante: acción sacerdotal

Hemos dicho que la muerte de Jesucristo fue un sacrificio de expiación. Él mismo fue la víctima de ese sacrificio y él mismo fue también el que se ofreció a sí mismo como víctima. A estas conclusiones habían llegado ya varios de los escritores del Nuevo Testamento. Pero la carta a los Hebreos razona que, si Jesucristo fue el que en ese sacrificio hizo el ofrecimiento de la víctima, es que estaba realizando una acción propiamente sacerdotal, y que además de víctima es también sacerdote de ese sacrificio. Dejamos la constancia de esta observación, que en los tiempos siguientes iba a ser muy esclarecedora para la doctrina de la redención.

Hasta aquí hemos estado siguiendo el pensamiento de los primeros cristianos. Sus resultados los han recogido los escritores del Nuevo Testamento bajo influjo de la inspiración divina y por ello los han transmitido en unas condiciones de seguridad que los convierten en normativos para nuestra fe.

COMPRENSIÓN DE LA IGLESIA ANTIGUA

Las siguientes generaciones cristianas necesitaron, lo mismo que nosotros hoy, entender esas enseñanzas sobre la obra salvadora de Jesucristo, tan centrales para su fe, que también es la nuestra; y esta necesidad les hizo volver su atención una y otra vez sobre esas enseñanzas. Pero la situación de las nuevas generaciones cristianas era muy distinta de la que tuvieron los escritores del Nuevo Testamento. Por un lado, esos cristianos ya .no eran, en general, de origen judío, sino griego, y tenían el peligro de no comprender bien la expresión judía, en cuyos moldes imaginativos los escritores del Nuevo Testamento habían vertido su pensamiento sobre la eficacia de la cruz, y ese peligro les exponía a no ver más allá de lo imaginativo y a construir teorías fantásticas. Por otro lado, no contaban ya con la inspiración personal y podían desviarse a doctrinas opuestas a la fe. Tenían sin duda, como también nosotros, la asistencia que el Espíritu Santo ha prometido a la Iglesia; pero esa asistencia no estaba garantizada infaliblemente para cada cristiano, y por ello la comprensión de un cristiano particular sólo tenía garantía en la medida en que coincidía con la fe de la Iglesia, única favorecida ya con la asistencia infalible del Espíritu Santo.

1. Redención como pago de nuestra liberación

En el intento de comprender mejor la obra salvadora de Jesucristo, la diferencia entre su expresión griega y la expresión judía les hizo tropezar en una dificultad de lenguaje. Y se refería precisamente a la palabra "redención", la palabra en que se condensa una de las tres afirmaciones bíblicas ("redención", "sacrificio", "reconciliación"), que hemos considerado como las más fecundas para explicar la eficacia salvadora de la cruz. Esa dificultad de lenguaje consistió en lo siguiente: cuando un griego decía en su lengua "redención", o lo que es igual, "rescate", lo entendía en el sentido del pago que hay que hacer a quienes retienen cautivo a alguien a quien los suyos quieren liberar. Así llegaron a la concepción de que Jesucristo, al "redimirnos", o "rescatarnos", hizo el pago exigido para sacarnos de nuestra cautividad.

Planteada así la redención, en forma de transacción, y de transacción entre personas, llevó, lógicamente, al siguiente razonamiento: ¿Cuál fue el pago que hizo Jesucristo? Es claro que el de su muerte, o dicho más concreta y expresivamente, el de su sangre. ¿A quién hizo semejante pago? Indudablemente, a quien nos tenía cautivos. ¿Y a quién podemos atribuir el retenernos en la cautividad del pecado?

Evidentemente, al demonio, introductor del pecado en el mundo.

El resultado final de esta forma de entender la palabra "redención" era concluir que Jesucristo nos redimió entregando su sangre como rescate al demonio, resultado desconcertante, que nosotros con nuestra sensibilidad racional calificaríamos como fantasía mitológica, y que el teólogo de mayor sensibilidad poética de la Iglesia griega, San Gregorio Nacianceno, no pudo soportar, y argüía indignado: si se dice que con la sangre de Cristo se paga al demonio, ¡qué ultraje!; si se dice que se paga a Dios, ¿qué sentido puede tener eso, si no era él quien nos retenía cautivos?

Este atisbo del poeta teólogo mostró claramente hasta qué extremo era desatinada cualquier respuesta que se diera a la pregunta planteada: ¿a quién pagó Jesucristo con su sangre? Con ello San Gregorio Nacianceno hizo un buen servicio a la rectitud de las doctrinas; sin embargo, ni él ni ninguno de sus contemporáneos acertaron a encontrar el origen de la dificultad, y así la afirmación bíblica de la redención hecha por Jesucristo siguió siendo para ellos confusa.

La dificultad venía de la diferencia de sentido que tomaba la palabra "redención" según se dijera en griego o en hebreo. En hebreo no suponía necesariamente que la liberación del redimido se lograba mediante un pago. Esto lo podemos comprender nosotros con facilidad, porque también nosotros empleamos a veces la palabra "redención" y su equivalente "rescate" sin pensar para nada en una transacción, por ejemplo, cuando hablamos de redimir de su vicio a un bebedor o de rescatar de las olas a un náufrago.

Y precisamente el mejor ejemplo bíblico de una redención hecha sin pago ninguno es la redención que ha servido al Nuevo Testamento como imagen con la cual comparar la muerte salvadora de Jesucristo, a saber, la intervención de Yahveh para librar al pueblo de Israel de la esclavitud egipcia, obra designada por el Antiguo Testamento como "redención" o "rescate", y realizada por Yahveh sin pagar a los egipcios ningún precio. También Jesucristo nos "redimió" y "rescató" a nosotros de la cautividad del pecado en un sentido muy distinto de una transacción mediante pago, y a su tiempo explicaremos ese sentido.

2. Sacrificio visible y sacrificio invisible

Las otras dos afirmaciones con que el Nuevo Testamento explica la eficacia salvadora de la cruz, o sea, la afirmación de que la muerte de Jesucristo fue un sacrificio de expiación, y la de que alcanzó nuestra reconciliación con Dios, tuvieron mejor fortuna en el tiempo de la Iglesia antigua. La idea de una reconciliación con Dios la encontraron clara; la de sacrificio fue considerada más difícil, pero San Agustín abrió un camino para penetrar en ella.

Partiendo de las lecturas bíblicas sobre los sacrificios judíos, y añadiendo su propia observación sobre los sacrificios paganos, San Agustín advirtió que un sacrificio es en realidad un símbolo. Esto se debe ante todo a que lo ofrecido a Dios en el sacrificio, lo mismo los animales que los frutos de la tierra o cualquiera otra cosa imaginable, carece absolutamente de utilidad para él. Pero el ofrecérselo expresa las actitudes interiores del que lo dedica a Dios. Manifiesta, por ejemplo, el reconocimiento de la soberanía divina, ya que también entre los hombres expresamos el respeto que tenemos a una persona haciéndole un obsequio. En el sacrificio no se hace a Dios un verdadero obsequio, cosa manifiestamente imposible, pero sí se simboliza un obsequio y mediante ese símbolo se muestra el reconocimiento de su soberanía sobre el hombre.

Esta observación permite a san Agustín distinguir entre la acción exterior, que él llama sacrificio visible, y la actitud interior, o sacrificio invisible. La actitud interior es la que da sentido al sacrificio visible, pues este no es más que un símbolo de aquélla, y como símbolo expresa y al mismo tiempo potencia la actitud interior. Semejante valoración de lo exterior y lo interior en el sacrificio corresponde perfectamente al pensamiento de los profetas del Antiguo Testamento, que tan duramente censuraron los sacrificios ofrecidos sin actitud interior sincera, realizados por el deseo de quedar bien ante Dios mediante el cumplimiento de los preceptos rituales de la ley de Moisés, pero sin cumplir sus mandamientos morales: "¿A mí qué, dice Yahveh, toda la muchedumbre de vuestros sacrificios?... ¡Dejad de hacer el mal, aprended a hacer el bien, buscad la rectitud, restituid al agraviado, haced justicia al huérfano, amparad a la viuda!" (Is 1,11-17). El mismo Jesucristo ha confirmado para sus contemporáneos esas voces de los profetas: "Si vas a presentar una ofrenda, ante el altar y allí te acuerdas de que tu hermano tiene algo contra ti, deja allí tu ofrenda ante el altar, ve primero a reconciliarte con tu hermano Y luego vuelve a presentar tu ofrenda" (Mt 5,23-24).

Esa misma valoración de lo exterior e interior abre camino a una comprensión mejor de la muerte

de Jesucristo como sacrificio de expiación por nuestros pecados: no fue simplemente el sacrificio visible
de Jesucristo es decir, el morir en los tormentos, lo
que hizo que la cruz fuera ante todo un "sacrificio de
olor agradable" (Ef 5,2), sino el sacrificio invisible, la
obediencia "hasta la muerte y muerte de cruz" (Flp
2,8), que llevó a Jesucristo a apurar hasta el final el
cáliz de la voluntad de su Padre.

APORTACIÓN DE LA EDAD MEDIA

Todas las consideraciones que hemos expuesto iluminaron la obra salvadora de Jesucristo ante los cristianos de aquellos tiempos antiguos, y también de los nuestros; pero, naturalmente, había aún muchos interrogantes que podían proponerse. Uno de esos interrogantes se lo va a plantear un arzobispo del siglo XI, San Anselmo, preguntándose qué, razón pudo haber para que fuese precisamente una persona divina, Jesucristo, quien tuviese que ofrecer por nosotros su vida en la cruz, en lugar de haberlo hecho un puro nombre, como Abrahán, o Moisés, o San Juan Bautista.

1. Satisfacción por la ofensa del pecado

La respuesta la va a dar en un escrito que San Anselmo titulará "Cur Deus homo?", "¿Por qué Dios se hizo hombre?", con una doctrina que será fuertemente discutida hasta que casi dos siglos después acabe quedando plenamente depurada y sea recibida por la Iglesia. Dentro de esa doctrina de San Anselmo, la aportación más valiosa es el concepto de satisfacción por los pecados, con que explica la muerte de Jesucristo.

El pecado es una ofensa que se hace a Dios. No es un perjuicio que le causamos, porque la criatura no puede causar a Dios ningún daño. Pero el pecado ofende a Dios, porque es lo contrario de lo que él quiere, y en ese sentido le desagrada. Y también es una ofensa en el sentido de que el pecado desprecia a Dios.

Para borrar esa ofensa, ¿qué hay que hacer? Hay que dar al ofendido una satisfacción, una reparación que anule la ofensa. Y en este punto San Anselmo ha hecho un examen de las condiciones para reparar una ofensa, según él las veía practicadas en la vida ordinaria. La gravedad de la ofensa, dice, se mide por la persona ofendida. Idéntica injuria dirigida por uno a su propio padre tiene mayor gravedad que dirigida a un igual. Y el pecado, como ofensa a Dios, es decir, como ofensa a quien tiene grandeza infinita, tiene gravedad infinita. San Anselmo ve con razón la gravedad infinita del pecado solamente en este sentido. En cualquier otro sentido no puede tener gravedad infinita, pues todo lo humano, como creado, es incapaz de rebasar los límites de la pequeñez, y de ahí que sólo se pueda hablar de gravedad infinita por referencia al ofendido, que es Dios.

También en cuanto al valor de la satisfacción hace San Anselmo consideraciones semejantes, pero con una diferencia. El valor de una satisfacción se mide, no por la grandeza de la persona que la recibe, sino por la grandeza de la persona que da la satisfacción. Si para reparar una ofensa que he hecho a otro, logro que una persona universalmente venerada por sus méritos se encargue de presentar excusas por mí, las excusas que presente pesarán mucho más ante el ofendido que si se encarga de hacerlo una persona sin ningún relieve.

Con esta observación se explicaba San Anselmo por qué tenía que ser una persona divina, y no un puro hombre quien satisficiese por el pecado de los hombres. Una persona divina que se hace hombre puede tomar la representación de todos los que son de su misma condición humana, y dar a Dios una reparación cumplida por el pecado de los hombres. Sin duda que el pecado es una ofensa de gravedad infinita en el sentido dicho; pero la reparación o satisfacción dada por Jesucristo a su Padre tiene en ese mismo sentido un valor infinito, porque es obra de un hombre que es persona divina, su mismo Hijo en persona, y por ello tiene en sí mismo y ante su propio Padre una grandeza infinita. La ofensa del pecado queda así igualada en valoración por la obra reparadora de Jesucristo.

2. Una crítica a San Anselmo

Esta doctrina ha sido censurada con dureza por el protestantismo racionalista ya en el siglo pasado (Albrecht Ritschl), como concepción jurídica. Y es indudable que está pensada jurídicamente. Pero semejante censura olvida que también la Escritura piensa jurídicamente acerca de la obra salvadora de Jesucristo. Cuando San Pablo dice que "Dios estaba en Cristo reconciliando al mundo consigo, no imputándoles 'sus delitos" (2 Cor 5,19), explica la idea de reconciliación mediante el concepto jurídico de no imputación. Y un título de Jesucristo relacionado con nuestro tema, el que le da el Nuevo Testamento llamándole Juez de vivos y muertos, es también _un concepto jurídico. Y sobre todo es un concepto jurídico el de alianza, tan central en la religión de Israel, y no menos central en nuestro tema, ya que el punto de partida para la reflexión de la Iglesia primitiva acerca de la muerte de Jesucristo en la cruz fueron, como hemos visto, dos expresiones suyas de la última cena, y una de ellas da como sentido de su muerte el establecimiento de una nueva alianza. Y tampoco es menos jurídico el concepto de adopción con que la Escritura precisa la forma de filiación divina que es el término final a que pretende conducirnos el plan de salvación ideado por Dios para nosotros. Todo esto muestra claramente que para las realidades de la obra de la salvación los conceptos jurídicos no pueden ser rechazados simplemente por ser jurídicos.

3. El concepto de satisfacción en la Escritura

Se podría objetar que la Escritura no emplea nunca la palabra satisfacción. Y, efectivamente, ni la palabra ni el concepto mismo están expresados en la Escritura. Sin embargo, la Iglesia ha recibido el concepto de satisfacción por nuestros pecados, porque ha visto que corresponde a lo revelado por Dios. Ni la revelación de Dios ni la fe de la Iglesia se agotan en lo que está expresado terminantemente en la Escritura. También se puede avanzar en el conocimiento de lo revelado por Dios buscando la unidad y armonía que existen entre los misterios de la fe. Y este es exactamente el camino por el que la Iglesia ha visto que debía recibir el concepto de satisfacción.

Para comprobarlo volvamos, una vez más, a las tres afirmaciones fundamentales que hemos escogido entre las que la cristiandad primitiva daba cómo explicación de la muerte salvadora de Jesucristo: expiación por el pecado, redención de la cautividad de nuestros pecados, reconciliación con Dios. Si buscamos para esas tres afirmaciones un punto de convergencia que muestre la armonía y unidad que debe haber entre ellas, veremos que el concepto de satisfacción cumple debidamente esa exigencia.

La expiación de los pecados que Jesucristo realizó en la cruz, la aclaró San Agustín con su observación sobre los dos componentes del sacrificio, el sacrificio visible y el sacrificio invisible, este segundo como fundamento del primero. Así llegamos a entender que la muerte de su Hijo en la cruz pudiera ser considerada por Dios como un sacrificio grato a sus ojos. Pero debemos seguir preguntando: ¿y de dónde viene el que ese sacrificio sirva precisamente para el perdón de nuestros pecados?, es decir, ¿de dónde viene que, entre las distintas clases de sacrificios, el de la cruz sea precisamente un sacrificio de expiación por los pecados? El concepto de satisfacción lo esclarece mostrando que la obediencia de Jesucristo hasta la muerte fue una reparación de nuestras ofensas a Dios, y que a la manera de un sacrificio de expiación limpió nuestras conciencias de las obras muertas (Heb 9,13).

Por su parte, la idea de Redención o de rescate supone una cautividad, que en nuestro caso era la cautividad del pecado en que nos encontrábamos. Esa cautividad, explicada con el concepto de satisfacción, consiste en la imposibilidad de salir por nuestro propio esfuerzo de la situación creada por nuestras culpas. Por nuestro propio esfuerzo no podíamos librarnos de esa situación, porque no teníamos por nosotros mismos capacidad para reparar la ofensa que con nuestras culpas habíamos inferido a Dios. Jesucristo, como Hijo de Dios, sí tenía capacidad para ello, y al dar cumplida satisfacción por nuestras ofensas, nos redimió, es decir, nos sacó de la cautividad del pecado.

Finalmente, la doctrina de la reconciliación con Dios tiene como supuesto la ruptura de la amistad precedente, o, según se expresa San Pablo, el estado de enemistad: "Siendo enemigos fuimos reconciliados con Dios por la muerte de su Hijo" (Rom 5,10). La amistad con que Dios honró al hombre en el momento de crearle quedó rota efectivamente por el pecado. Y Jesucristo, actuando como mediador entre ambas partes, el hombre y Dios, dio a Dios la satisfacción que canceló totalmente nuestras ofensas, y así estableció entre Dios y el hombre una nueva alianza, que es la realización más acabada de nuestra reconciliación con Dios.

4. Recepción en la Iglesia

Esta convergencia de datos de la revelación fue lo que advirtió la Iglesia en el concepto de satisfacción, cuando lo recibió de San Anselmo. Por otra parte, ya hemos indicado que no fue la totalidad de su doctrina acerca de la obra de Jesucristo lo que la Iglesia recibió, sino que, para recibir el mismo concepto de satisfacción, hubo de depurarlo de apreciaciones menos afortunadas que lo oscurecían. También aquí se cumple una enseñanza de Juan Pablo II. En la alocución que dirigió el año 1980 en Alttöting a los teólogos alemanes, observaba que la teología es un servicio desinteresado que el teólogo hace a la comunidad de los creyentes con nuevas propuestas, que no son más que una oferta a toda la Iglesia: "Muchas cosas deben ser corregidas y ampliadas en un diálogo fraterno hasta que toda la Iglesia pueda aceptarlas". Así ocurrió también con la oferta hecha por San Anselmo.

Una de las apreciaciones que oscurecían el concepto de satisfacción consistía en que, para San Anselmo, no era toda la vida terrena de Jesucristo, sino exclusivamente su muerte, lo que había valido como satisfacción dada por nuestras ofensas. Bien pronto se rechazó este estrechamiento de la acción reparadora de Jesucristo. Ya Santo Tomás de Aquino, en su himno eucarístico "Adoro te devote", daba por supuesto que, para reparar nuestras ofensas a Dios, ni siquiera hubiera hecho falta que Jesucristo muriese, pues "una sola gota de su sangre bastaba para salvar de toda maldad al mundo entero". Y lo que Santo Tomás atribuía poéticamente en su himno a la sangre de Jesucristo, podemos expresarlo teológicamente atendiendo a la voluntad interior, que, como hemos expuesto, daba valor a los padecimientos exteriores de Jesucristo. Y de ahí podemos concluir que, para reparar cumplidamente por todas nuestras ofensas, bastaba meramente un acto de su voluntad humana, dirigido hacia su Padre en sumisión de obediencia o en efusión de amor. Ese acto, por sí solo, tenía ante el Padre valor tan grande porque, aun siendo un acto humano, estaba realizado por la persona divina del Hijo de Dios, y ante su Padre tenía valor infinito.

A pesar de todo esto es cierto que la tarea asumida por Jesucristo de satisfacer por nuestros pecados no estuvo concluida hasta el momento en que murió en la cruz. Sin embargo, la razón de ello es muy distinta de la dada por San Anselmo al poner el valor de reparación únicamente en la muerte de Jesucristo. Frente a este estrechamiento de San Anselmo debemos reconocer que, por parte del valor de reparación por los pecados, la tarea de Jesucristo hubiera quedado concluida en el momento mismo en que por primera vez se dirigió a su Padre con un acto humano voluntario.

Pero el plan del Padre era que nuestra redención del pecado fuera la obra de toda la vida de Jesucristo y quedase coronada por esa cumbre inigualable de obediencia que fue su muerte en la cruz. En este sentido, decimos que la reparación por nuestros pecados no estuvo completa hasta el momento en que Jesucristo murió en la cruz; pero eso no significa que la vida anterior de Jesucristo careciese de valor suficiente para satisfacer por nuestras culpas. Precisamente porque cualquier obra de Jesucristo tenía entera suficiencia, es por lo que se ha venido a afirmar con plena razón que la satisfacción que de hecho dio Jesucristo por nuestras culpas, fue sobre abundante, es decir, desbordó por todas partes la mera suficiencia.

VICISITUDES EN LOS
SIGLOS POSTERIORES HASTA HOY

El avance de la doctrina de la redención como hemos podido ver, fue laborioso durante el tiempo que hemos estado recorriendo, y no faltaron en él oscurecimientos como el que señaló San Gregorio Nacianceno. También el concepto de satisfacción va a ser mal interpretado por algunos en los tiempos siguientes y será necesaria una rectificación de tales interpretaciones.

1.   Un error: Cristo castigado en nuestro lugar

En la tarea de satisfacer por nuestras ofensas, Jesucristo nos sustituyó, según hemos visto. Esa sustitución enteramente verdadera, fue presentada por determinados predicadores en una forma particularmente dramática, y por ello tuvo fortuna. Imaginaban al pecador sentenciado al castigo por Dios, y a Jesucristo sustituyendo al pecador en el castigo. El pecador quedaba libre, y Jesucristo sufría el castigo que el pecador había merecido. Esta presentación conmovedora de la generosidad de Jesucristo era frecuente en el tiempo en que surgió el protestantismo, y Lutero y, sobre todo, Calvino la incorporaron a su teología de la redención.

Pero semejante explicación de la satisfacción que dio Jesucristo por nuestras culpas es totalmente inadmisible. En primer lugar, porque concibe a Dios Padre en una forma muy áspera, como un juez de severidad extrema, interesado por el castigo del pecado por encima de todo otro interés. Que el castigo lo sufra el culpable o que lo sufra su propio Hijo tiene, según esa explicación, menos importancia para él. Lo importante es que el pecado no quede sin castigo. En semejante concepción, la muerte de Jesucristo recuerda la muerte de San Maximiliano María Kolbe: éste sustituyó a un padre de familia numerosa, señalado por el azar en un sorteo para determinar quienes debían ser fusilados y servir .de escarmiento. También en la muerte del P. Kolbe lo que importaba por encima .de todo era el escarmiento, el castigo. Una explicación de la obra redentora de Jesucristo que concluye en esa semejanza no puede ser verdadera: Dios Padre no tiene ningún parecido con los verdugos del P. Kolbe.

En segundo lugar, esa explicación es inadmisible porque separa entre sí al Padre y a Jesucristo en la actitud afectiva hacia los hombres. Conforme a esa explicación, Jesucristo fue quien tuvo misericordia de los hombres: compadecido de nosotros se presentó ante su Padre para ser castigado en lugar nuestro. En cambio, el Padre no tiene en esa explicación actitud misericordiosa, sino justiciera: lo que le interesa ante todo es el testigo del pecado.

2. Desaprobación de ese error por la Iglesia

Frente a todo esto, la Escritura habla del Padre como de un Dios misericordioso que va a una con Jesucristo en la compasión hacia los pecadores; y lo que es más, que tiene toda la iniciativa en la obra misericordiosa de Jesucristo, y comunica a Jesucristo su propia misericordia y realiza por medio de él la obra misericordiosa de nuestra salvación: "Dios, que es rico en misericordia, por el gran amor con que nos amó, y estando muertos por nuestros delitos, nos dio la vida por medio de Cristo" (Ef 2,4-5).

Este concepto misericordioso del Padre, tan opuesto al de un juez implacable y justiciero, es el que ha tomado la teología como base para explicar en qué forma nos sustituye Jesucristo en la tarea de satisfacer por nuestras ofensas. Y ha tenido buen cuidado de que ni el concepto eclesial de satisfacción, ni las afirmaciones bíblicas sobre el sacrificio expiatorio, la reconciliación con Dios y demás puedan confundirse con una sustitución en un castigo. También nosotros, con ese mismo fin, intentaremos esclarecer cuál es el sentido verdadero de la satisfacción dada por Jesucristo al Padre. Pero para ello vamos a presentar previamente el marco general de todo el plan divino sobre la humanidad. Sólo dentro de ese marco podremos entender por qué referimos al Padre en particular la ofensa del pecado y, consiguientemente, por qué la satisfacción de esa ofensa debe dirigirse también al Padre en particular.

3. Presupuestos para la interpretación verdadera

El plan divino sobre la humanidad tiene como punto de partida la decisión de Dios de hacernos hijos suyos: "Ved qué amor nos ha mostrado el Padre, que nos llamemos hijos de Dios y lo seamos" (1Jn 3,1). Para que pudiéramos ser hijos suyos determinó elevar nuestra capacidad humana por encima de nuestras posibilidades humanas naturales, de manera que en la medida más alta permitida a una criatura pudiéramos tener una vida semejante a la vida divina y participar así en su intimidad. Esta es la primera condición que ponemos para dar el nombre de hijo: que el hijo tenga semejanza de vida con el padre. Por eso la obra de arte más admirable no puede tener el nombre de hijo, porque no tiene vida, vida humana, como la tiene el artista que fue su autor.

Esa vida semejante a la vida divina sólo podíamos llegar a poseerla por un don de la generosidad soberana de Dios, a diferencia de Jesucristo, Dios Hijo, que tiene por naturaleza la vida divina y por naturaleza es Hijo de Dios.

Por no ser nosotros hijos de Dios por naturaleza, era necesario que, además de recibir esa semejanza con la vida divina, fuéramos adoptados por Dios. La adopción por Dios y la semejanza con la vida divina no son dos cosas sencillamente idénticas, como tampoco son dos cosas sencillamente idénticas la adopción humana y la semejanza de vida entre los hombres. La semejanza de vida es universal para todos los hombres; la adopción no es universal, sino que sólo existe en unos pocos que han sido hechos hijos adoptivos, y lo han sido por un acto de la voluntad de su padre adoptivo, puesto que la adopción supone por parte del padre adoptivo una decisión y un compromiso de su voluntad libre. De manera parecida, el don de la vida divina que hemos recibido nos asemeja al Padre, al Hijo y al Espíritu Santo en su propia vida y nos dispone para que tras este tiempo de prueba entremos en la intimidad de las tres personas divinas; pero, en cambio, la adopción nos hace hijos de Dios Padre, hijos únicamente de él, porque sólo él nos adopta. Por ese motivo la Escritura presenta a Jesucristo, el Hijo de Dios por naturaleza, como el primero de todos los hijos de Dios y como nuestro hermano mayor (Rom 8,29), del cual hemos sido constituidos hermanos a causa de nuestra adopción por el Padre.

Tal es el marco en que tenemos que situar el pecado de los hombres. Dentro de este plan divino, nuestro pecado es rebeldía de hijos contra su Padre, rebeldía de hijos que se oponen a la voluntad de su Padre, el cual les pedía que colaborasen en realizar la semejanza con la vida divina haciéndose también en la conducta semejantes a él. Esa rebeldía de hijos es una ofensa que hacen a su Padre, y precisamente en cuanto Padre suyo. Aquí está la razón de que el pecado ofenda singularmente a Dios Padre, y también aquí está la razón de que, si se quiere compensar esa ofensa con una satisfacción, esa satisfacción deba dirigirse singularmente a Dios Padre. Esta manera de ver la ofensa del pecado tiene afinidad con la parábola del hijo pródigo (Lc 15,11-32). Nuestra rebeldía de hijos frente a Dios nuestro Padre está representada por el Evangelio en la figura del hijo que no soportó vivir en compañía de su padre y se marchó de casa llevándose la herencia que le correspondía, para disiparla viviendo licenciosamente. El mismo evangelio ve en su conducta una ofensa a su padre, y precisamente en cuanto padre, y lo muestra en la exclamación que pone en su boca: "Padre, he pecado contra el cielo y ante ti: ya no soy digno de llamarme hijo tuyo" (Lc 15,21).

Pero este hijo pródigo tuvo un padre tan generoso que, cuando volvió a la casa paterna empobrecido y humillado, su padre no se acordó de los justos cargos que tenía contra él, sino que salió a su encuentro con un perdón instantáneo.

4. En qué nos sustituye Jesucristo

Y, sin embargo, el perdón que Dios nos ha concedido a nosotros es mucho más profundo y radical que el perdón concedido por el padre de la parábola. Este, con toda su generosidad, no pudo llegar a cambiar la indignidad de su hijo y tuvo que olvidarla para concederle el perdón. Pero la indignidad de su hijo había permanecido, y el otro hijo, el que había seguido siempre en casa, se la hace notar a su padre, no sin acritud: "Ese hijo tuyo, que ha devorado tu hacienda con meretrices..." (Lc 15,30). Dios, en cambio, ha sabido cambiar nuestra indignidad, y para lograrlo ha ido a la raíz misma de ella, de tal manera que ni siquiera sea posible presentar cargo alguno contra nosotros, porqué sencillamente ha dejado de haberlo.

El cargo más radical era el pecado mismo, y en él la ofensa hecha a Dios. Si ese cargo desaparecía, la reconciliación, la vida divina, todo lo propio de un hijo de Dios, se nos había de dar necesariamente como consecuencia. Por eso, en vez de remediar sólo las consecuencias del pecado, o el desorden que el pecado introduce en la creación, quiso remediar el punto capital: la ofensa divina del pecado.

Hoy existe una preocupación muy grande por el desorden que introduce el pecado en la creación, especialmente por el desorden institucional: la injusticia, la marginación, la desigualdad ..., y, sin duda, a todo eso debe llegar el influjo de la redención, como lo proclama el Concilio Vaticano II. Pero a menudo ha habido que corregir una atención unilateral y superficial hacia el desorden externo, en la cual no se tomaban en consideración las raíces del mal. Y eso que de esas raíces podemos nosotros, e incluso debemos, remediar algunas, como es, ante todo, la actitud de las voluntades.

En su plan de redención, Dios dirigió su pensamiento a la raíz más profunda, la que nosotros menos podíamos remediar: la ofensa del pecado. ¿Cómo se podía lograr que desapareciera la ofensa del pecado? Ya lo sabemos: haciendo que la humanidad pecadora diera una satisfacción que compensara cumplidamente la ofensa inferida. Pero ningún hombre podía satisfacer por la ofensa del pecado; también lo hemos visto ya. Sin embargo, el Hijo de Dios, si se hacía hombre y, consiguientemente, empezaba a pertenecer a la humanidad, no solamente podía satisfacer por los pecados, sino, además, podía hacerlo de manera que esa satisfacción se atribuyese a la humanidad, ya que él era desde ese momento un miembro de ella y actuaba como miembro de ella.

Esta es la sustitución que realizó Jesucristo respecto de nosotros: nos sustituyó en cuanto que él fue quien actuó por nosotros, pero nos sustituyó actuando como representante nuestro, de tal manera que su reparación de la ofensa del pecado fuera una reparación que debiera atribuirse a la humanidad

misma. Que ésta es la idea de redención recibida por
la Iglesia puede advertirse en un documento reciente
(AAS 60 [1968] 688) que condensa así la doctrina de
la redención: Jesucristo hizo que la gracia divina fuera devuelta al género humano corno un bien que el
género humano había merecido en su cabeza divina.

5.   Eficacia de la redención

Efectivamente, Jesucristo, cabeza divina de la
humanidad, obedeciendo a su Padre hasta la cruz;
hizo que la humanidad diera la satisfacción que re-
paró plenamente la ofensa del pecado, y con ello
nuestra reconciliación con Dios Padre es tan absolu-
ta, que podemos presentarnos ante él no como hijos
indignos, sino como hijos en los que "no hay nada
digno de condenación" (Rom 8,1), porque están sal-
dados los cargos que había contra nosotros, y en lugar de tener que sentirnos en la presencia de nuestro
Padre cohibidos por nuestra insolvencia, "tenemos
libertad plena para acercarnos confiadamente" a él
(Ef 3,12). Naturalmente, no podemos jactarnos de
este resultado, pues todo él ha venido de Jesucristo.

Pero este resultado nos coloca en una situación
incomparablemente mejor que la del hijo pródigo,

pues éste, aun después de recibido el perdón, no podía menos de reconocer que permanecían muchos de los cargos que pesaban contra él, como lo hizo notar su hermano. El perdón que Dios pensó para nosotros llevaba consigo la desaparición de los cargos existentes contra nosotros, y la tarea de llevar a término esa forma radical de perdón se la encomendó a su Hijo primogénito, Jesucristo, que la realizó con la obra de la redención.

Tras ella sólo queda que cada uno de nosotros sea incorporado a Cristo de manera que forme unidad con él, para que pueda apropiarse la reparación hecha por Jesucristo. Esa unidad con Jesucristo la realiza el sacramento del bautismo, y en caso de reincidencia, el sacramento de la reconciliación. Por medio de sus sacramentos, Jesucristo hace que su redención ejerza toda su eficacia en cada uno de nosotros en particular.

6. Una doctrina olvidada: la resurrección redentora

En la exposición anterior se habrá advertido que no se ha hecho referencia a la resurrección de Jesucristo como parte de su obra redentora. Ese silencio no tiene como origen un silencio de la Escritura, pues, sin lugar a duda, ésta es enteramente clara en atribuir a Jesucristo resucitado funciones muy importantes en la obra de la redención. En cambio, la teología medieval fue perdiendo de vista esa doctrina bíblica y acabó considerando la resurrección y la glorificación de Jesucristo únicamente en el aspecto de retribución personal suya, merecida ciertamente a causa de su obediencia y desprendimiento en la tarea de redimirnos, pero sin ver en todo ello una continuación de la acción redentora por Jesucristo resucitado. La recuperación de esa doctrina bíblica la hizo el teólogo M. J. Scheeben (1835-1888) en su *Dogmática* § 261/12, y es, sin duda, uno de los mejores logros de la teología de la redención en los tiempos recientes; por ello entra oportunamente en esta parte de nuestra exposición.

A partir de entonces la teología se ha esforzado por encontrar los valores de redención que hay en la resurrección y glorificación de Jesucristo, y ha hallado toda una serie de ellos que tienen fundamento en la Escritura. En esta exposición sólo vamos a detenernos en uno de esos valores, pero como muestra de los que omitimos permítasenos señalar éste: la glorificación de Jesucristo es para nosotros el establecimiento del modo y arquetipo de la glorificación que se nos promete, ya que nuestra glorificación futura consistirá en que Jesucristo "transfigurará nuestro cuerpo mísero conformándolo al suyo glorioso" (Flp 3,21).

El valor redentor que queremos exponer es también el que más desarrolla la Escritura, pues constituye uno de los temas centrales de la carta a los Hebreos: la continuación del sacrificio redentor por Jesucristo glorificado.

Los sacrificios de expiación, que sirvieron a la primera comunidad cristiana y a los mismos escritores del Nuevo Testamento como imagen explicativa del sentido que debía darse a la muerte de Jesucristo, han servido también como imagen para que el redactor de la carta a los Hebreos representase gráficamente la continuación del sacrificio redentor de Jesucristo en la gloria del Padre. El sacrificio de expiación que constituía el centro de la fiesta judía de la Purificación no se consumaba en el mismo lugar en que se comenzaba, sino que pasaba por dos lugares distintos: la muerte de la víctima se hacía en el atrio del templo; la ofrenda de su sangre, dentro del santuario. Semejantemente la muerte de Jesucristo ocurrió en este mundo, pero la ofrenda de su sacrificio la hace Jesucristo en el santuario de la gloria del

Padre adonde subió glorificado: "No entró Cristo en un santuario hecho por mano de hombre, sino en el mismo cielo, para comparecer ahora en la presencia de Dios en favor nuestro" (Heb 9,24).

Esta particularidad descubre en qué medida el sacrificio de Jesucristo fue acepto a su Padre y, correspondientemente, en qué medida queda asegurada nuestra confianza en el perdón.

Pero, además, advirtiendo que la presencia de Jesucristo en la gloria durará eternamente, concluye la carta a los Hebreos que también la ofrenda de Jesucristo se prolongará por toda la eternidad, y añade esta conclusión a los motivos de confianza para nosotros: que Jesucristo "tiene un sacerdocio perpetuo y es, por tanto, perfecto su poder para salvar a los que por él se acercan a Dios, y siempre vive para interceder por ellos" (Heb 7,24-25).

7. Unidos en la tierra a Cristo redentor

Esta perpetuidad de la ofrenda de Jesucristo ante el Padre tiene una proyección muy importante para nuestra vida cristiana. Nosotros tenemos en la eucaristía el cuerpo y la sangre de Jesucristo, y los ofrecemos al Padre en el sacrificio eucarístico. Es el mismo cuerpo y la misma sangre que Jesucristo resucitado está presentando al Padre en la gloria mientras nosotros los presentamos al Padre en la tierra. Lo que nosotros realizamos en el sacrificio eucarístico lo hacemos por encargo de Jesucristo (Lc 22,19; 1 Cor 11,24-25) y en nombre suyo. Esto. significa que el verdadero sacerdote en ambos casos es Jesucristo y que el sacrificio que él ofrece presencialmente en la gloria del Padre y el que ofrece por medio nuestro en la tierra no son dos sacrificios distintos, sino el mismo sacrificio de la cruz, que Jesucristo resucitado continúa ahora juntamente en el cielo y en la tierra. Hay naturalmente diferencias entre ambas formas de realización; pero lo importante para nuestro tema es que nuestro sacrificio eucarístico es el mismo sacrificio que Jesucristo llevó a su término terrestre en la cruz y continúa ahora en la gloria, y que nosotros los cristianos podemos asociarnos a ese sacrificio redentor, ofreciéndolo al Padre juntamente con Jesucristo en la forma más realista que podríamos soñar.

Semblanza del Padre Félix Rodríguez Barbero, SJ († 2009)[1]

P. Luis de Prada, DCJM

¡Qué difícil resulta meter en unas páginas los años vividos junto a un maestro!

Es cierto que el P. José Ramón Bidagor, sj fue un maestro excepcional de la vida religiosa y de la espiritualidad ignaciana para los Discípulos, puesto de una manera providencial por el Señor.

Sin embargo nos faltaba el campo intelectual. Necesitábamos alguien que pudiese orientar nuestros

---

[1] Del libro: J. NORIEGA – L. DE PRADA (ed.), *El misterio de una amistad. Discípulos en el Señor* (Didáskalos, Madrid 2019²) pp. 91-94.

estudios en todos los sentidos. Cuando se comienza no está claro por dónde ir ni qué hacer. Es cierto que veníamos del seminario de Toledo y que teníamos sobre nuestros hombros dos años de "experiencia intelectual". Pero era todo muy inseguro y endeble y no sabíamos navegar por el mundo de la teología ni cómo construir una mentalidad teológica.

El paso a la Facultad de Teología de Burgos fue decisivo, no solo desde el plano religioso que tuvimos que asumir nosotros, sino también desde el intelectual. En la ciudad castellana se nos abrían nuevas y grandes posibilidades. Realmente era un reto fascinante que el Señor había puesto en nuestras manos. Mirándolo ahora es cuando descubrimos la importancia de aquel tiempo en que se fraguó el Instituto de los Discípulos. El P. Bidagor estaba en Madrid y bajábamos a verle cada mes y medio. Nos tocaba a nosotros orientar religiosamente el nuevo Instituto, siguiendo las tradiciones y pautas que conocíamos y que se nos indicaban, pero en el campo intelectual nos faltaba un maestro que nos enseñase a caminar. ¿Cómo y dónde encontrarlo? La Providencia una vez más salió a nuestro encuentro.

El P. Félix Rodríguez Barbero, sj, era doctor en Sagrada Teología y profesor de dogma en las Faculta-

des de Teología de Oña, de las Universidades Grego-
riana (Roma), de Comillas (Madrid) y por último en
la Facultad de Teología del Norte de España (sede en
Burgos), gran conocedor e investigador de los Conci-
lios de Florencia (tesis doctoral sobre el decreto de los
Armenios) y de los de Toledo, experto en el mundo
de las Bibliotecas y Archivos, buen latinista, hombre
sumamente peculiar, germánico en su formación y de
una gran sobriedad en su conducta. Era conocido entre
nosotros con el sobrenombre del *homo sapiens* (porque
lo sabía todo, hasta de lo que no sabía era capaz de ha-
blarte media hora concluyendo que él no sabía nada de
ese tema). Enseñaba, entre otras materias, Cuestiones
Orientales. Era tal su dominio y saber que fascinaba,
no solo por lo que explicaba, sino por aquello que deja-
ban entrever sus palabras. Uno no se cansaba de escu-
charle, era una delicia seguirle y oírle hablar con aplo-
mo y seguridad de Evagrio Póntico (teología apofática)
y de toda la mística del mundo oriental. Nos dejaba
absortos y asombrados y suscitaba en nosotros el deseo
de saber, mejor dicho, de profundizar en ese mundo.

Al acabar la clase me lo encontré en la biblioteca
y, armándome de valor, le pedí si nos podía orientar
en los estudios. Él, como hombre sabio, nos dijo que
se lo pensaría y que ya me daría su respuesta.

Al poco tiempo cuando me crucé con él le pregunté con cierta ansiedad. Él me respondió que no, que iba a hacer algo mejor: enseñarnos a estudiar.

Estaba cansado de ver cómo los alumnos eran meros loros repetidores que se aprendían las cosas de memoria y no pensaban. Él quería enseñarnos el método teológico. Una manera nueva para nosotros de acercarse a la teología que nos obligaba a estudiar a fondo los textos, leerlos profundamente, ponernos dificultades, preguntarnos, saber relacionarlos con otras partes de la teología, analizarlos para dar una respuesta, no necesariamente brillante o novedosa, sino bien pensada y muy razonada.

A partir de ese día venía a nuestra casa de Burgos casi todos los jueves y nos dedicaba unas dos horas, primero en lo que se denominaría "el círculo" de teología, de filosofía, etc., y después tiempo para consultas. Previamente nos había dado un texto (del Vaticano II o de algún manual de teología dogmática) para trabajarlo durante la semana siguiendo un método (1º leer el texto; 2º volver a leerlo buscando definir con precisión los conceptos en juego; 3º poner dificultades, preguntas; 4º resolverlas y buscar las posibles relaciones con otras partes de la teología y 5º finalmente intentar dar una respuesta, bien pensada y razonada escribiendo un pequeño comentario fruto de esa labor).

Con el tiempo se convirtió en nuestro mentor, consultor y guía teológico. ¡Cuántas tardes pasamos consultándole, bien en grupo o, sobre todo, individualmente!

Él dirigió la mayor parte de nuestras tesis de licenciatura. Era obligada su consulta a la hora de decidir qué campos escoger en el mundo de los doctorandos en Teología. Cuando mandamos gente a Roma él nos aconsejaba qué campos interesaban y con quién era bueno consultar. Cuando se jubiló se dedicó a organizar la biblioteca de Villagarcía de Campos y cuando perdió la vista se dedicó a rezar Rosarios. Murió el año 2009.

Pronto se vieron los frutos del P. Félix, maestro de maestros. Pronto sus discípulos, siguiendo sus pasos, se ocuparon de los círculos que él había instaurado entre nosotros.

En fin, fue nuestro gran maestro y amigo muy querido. A él le debemos mucho de lo que hemos recibido en el terreno intelectual.

Encontró en nosotros la posibilidad de realizar lo que había aprendido en sus estudios y que se había perdido con el tiempo: una escuela teológica. Vio en nosotros discípulos deseosos de aprender y dispuestos a dejarse enseñar.

Estábamos sin "maestro". Él quiso formar escuela y ya lo creo que lo hizo.

¿Qué vimos en el P. Félix? No cabe duda de que una ayuda providencial, un guía para el camino intelectual del Instituto. Éramos unos jóvenes desorientados en el mundo de la Teología y carne de cañón para cualquier radicalismo. Con el paso del tiempo, el camino teológico que ha recorrido nuestro instituto hace comprender la fecundidad que supuso este maestro: él estableció los criterios decisivos de la formación de base, haciendo posible que, aun cuando muchos discípulos hayan seguido especializaciones distintas, haya una gran unidad de pensamiento. Puso, providencialmente, en nosotros las guías y las primeras piedras de la calzada de la sabiduría.

Su "método" (fruto de su afán por la sabiduría) era capaz de afrontar con paz y equilibrio, valentía y sinceridad todos los temas de la teología con una gran libertad, un rigor y una humildad tal que impelían a buscar y saborear la verdad. Y sobre todo nos enseñó a acercarnos con una mirada serena a los problemas, aprendiendo a descubrir el logos de Dios en ellos, y la conexión entre la teología y la vida. Él nos hizo caer en la cuenta de la importancia del dogma en la espiritualidad y que esto no era ajeno a la vida, sino que era la mayor seguridad para encontrar la Verdad. Podríamos decir, viéndolo con el paso del tiempo, que nos descubrió la gran riqueza del carisma ignaciano: "Contemplativos en la acción".

Fue un maestro "honesto" con la Teología dejándonos su buen hacer. Nunca forzó la verdad y nos enseñó a buscarla donde estuviera, con un gran amor a la Iglesia.

Nuestro estilo le debe tanto que su paso por nuestra vida tiene la marca de la sabiduría de Dios.

Últimos títulos publicados

(www.editorialdidaskalos.org)

Suscríbase en nuestra web para recibir las mejores promociones

Didaskalos Pedagogía

Didaskalos Profamilia

Didaskalos Literatura

Colección *Grandes Palabras*